spot

DEPORTES

TENIS

por Mari Schuh

AMICUS | AMICUS INK

línea de saque

juez de línea

Busca estas palabras e imágenes mientras lees.

raqueta

pelota

Una jugadora sirve.
Comienza el partido.

La cancha tiene líneas blancas. La pelota debe caer dentro de las líneas.

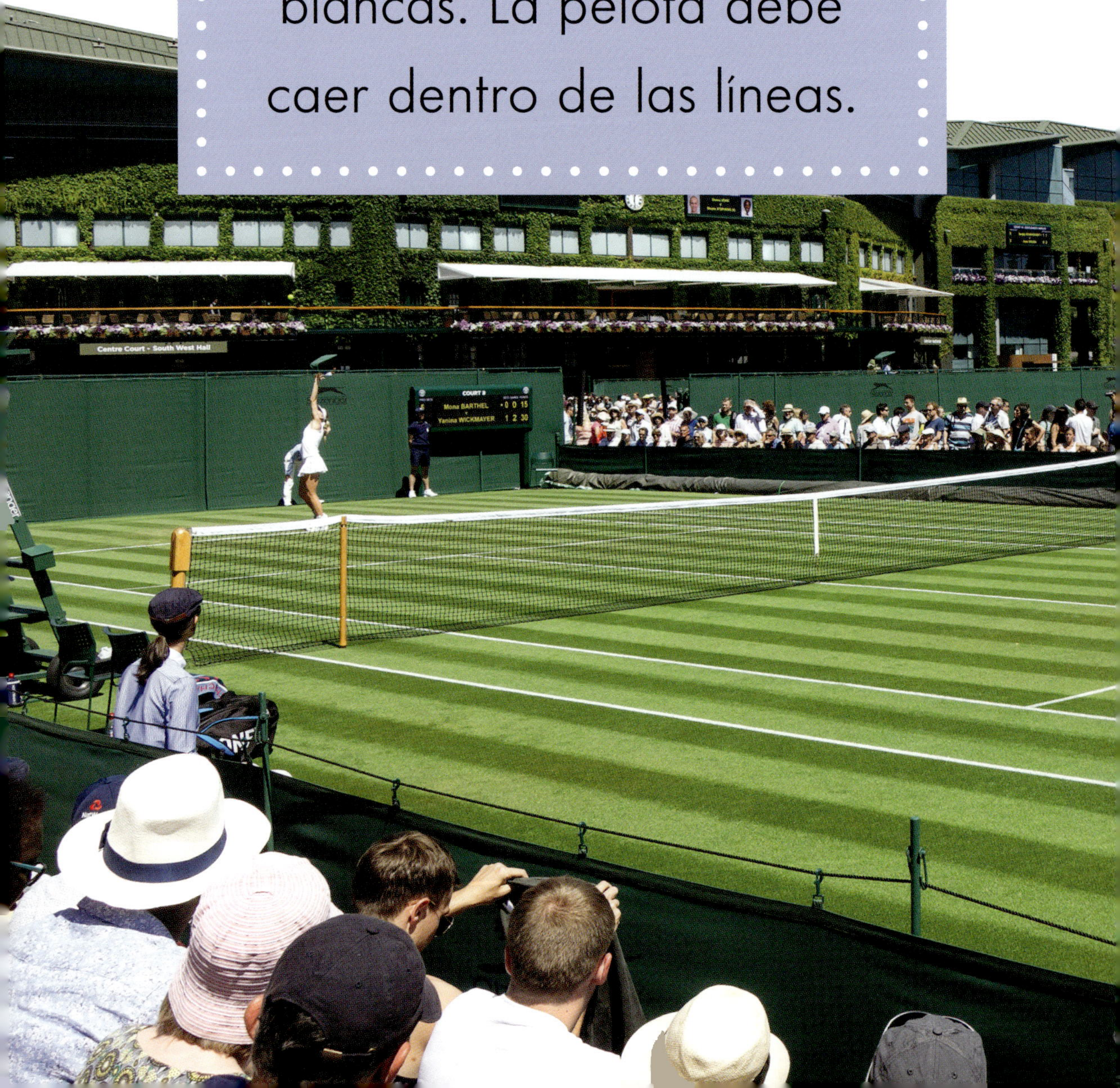

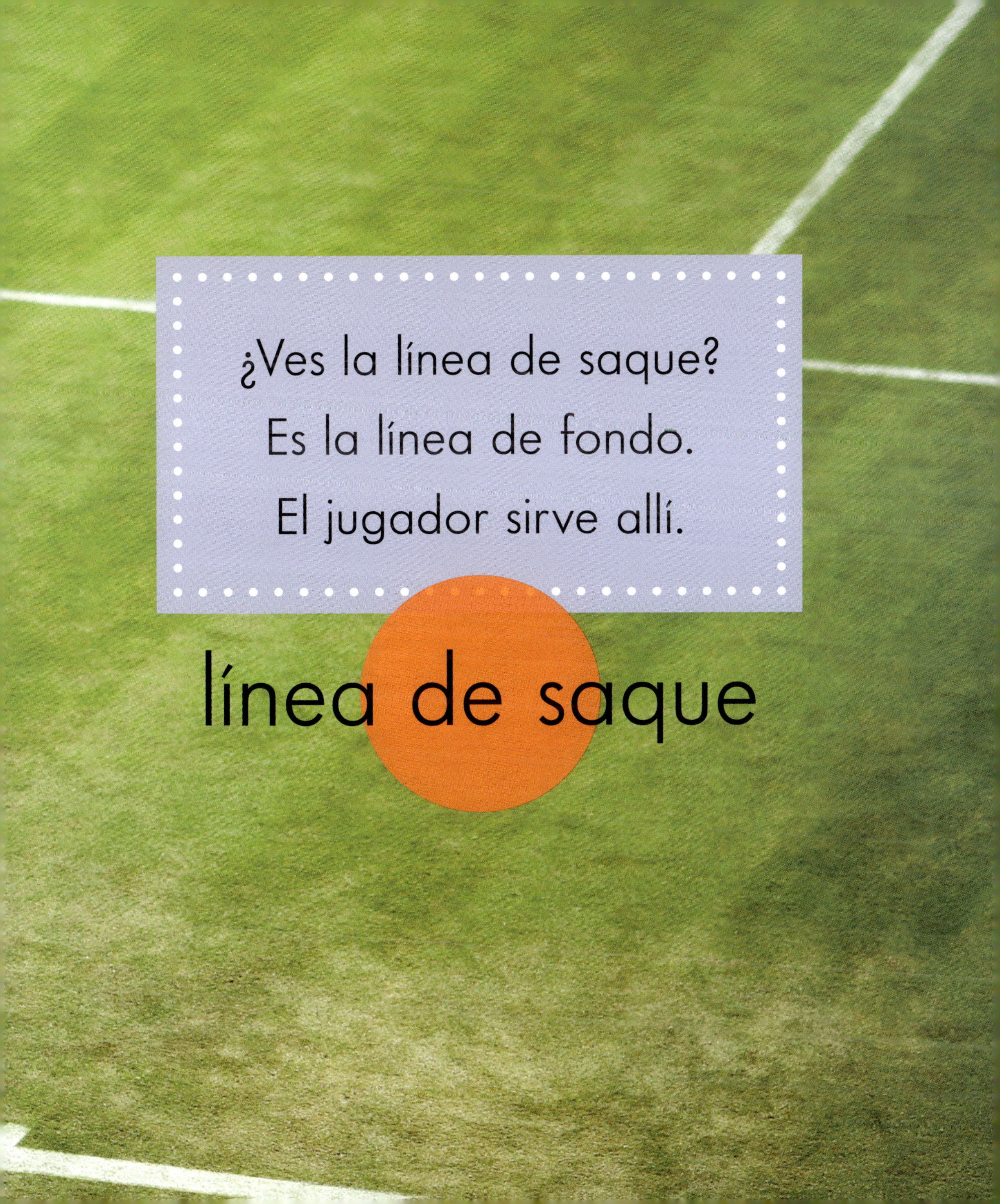

¿Ves la línea de saque?
Es la línea de fondo.
El jugador sirve allí.

línea de saque

raqueta

¿Ves la raqueta?
La parte redonda es la cabeza.

COURT NO. 3

¿Ves al juez de línea? ¿Está la pelota adentro o afuera? ¡Él dice que está afuera!

juez de línea

pelota

¿Ves la pelota? ¡Pum!
Es golpeado alto.
Este tiro es un globo.

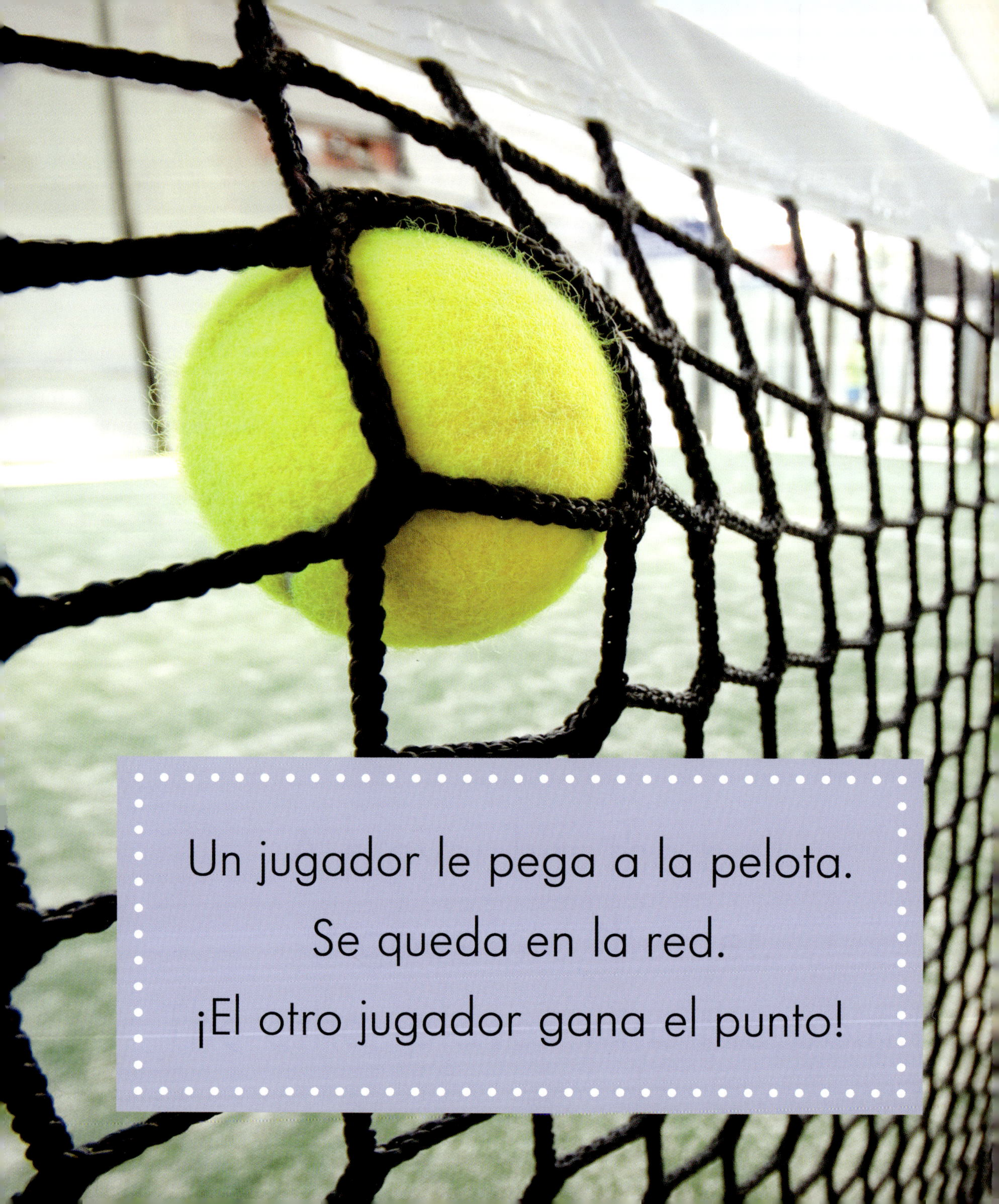

Un jugador le pega a la pelota.
Se queda en la red.
¡El otro jugador gana el punto!

línea de saque

juez de línea

¿Lo encontraste?

raqueta

pelota

Spot es una publicación de Amicus y Amicus Ink
P.O. Box 1329, Mankato, MN 56002
www.amicuspublishing.us

Library of Congress Cataloging-in-Publication Data
Names: Schuh, Mari C., 1975- author.
Title: Tenis / Mari Schuh.
Other titles: Tennis. Spanish
Description: Mankato, MN: Amicus, 2021. | Series: Spot. Deportes | Audience: Ages 4-7 | Audience: Grades K-1 | Summary: "North American Spanish translation of Spot Tennis. Elementary sports fans will ace key vocabulary in this high-interest leveled reader about the game of tennis. Simple text and color photos touch on basic equipment and rules"-- Provided by publisher.
Identifiers: LCCN 2019050201 (print) | LCCN 2019050202 (ebook) | ISBN 9781645491927 (library binding) | ISBN 9781681527215 (paperback) | ISBN 9781645492184 (pdf)
Subjects: LCSH: Tennis--Juvenile literature.
Classification: LCC GV996.5 .S3618 2021 (print) | LCC GV996.5 (ebook) | DDC 796.342--dc23
LC record available at https://lccn.loc.gov/2019050201
LC ebook record available at https://lccn.loc.gov/2019050202

Impreso en los Estados Unidos de America

HC 10 9 8 7 6 5 4 3 2 1
PB 10 9 8 7 6 5 4 3 2 1

For Char —MS

Gillia Olson, editora
Deb Miner, diseñadora de la serie
Aubrey Harper, diseñadora de libro & investigación fotográfica

Créditos de las imágenes: Alamy/Greg Balfour Evans 4–5, Imageplotter 3, Neil Tingle 10–11; AP/Adam Davy 12–13, Steven Paston 6–7; iStock/MaxRiesgo 14–15, OSTILL/cover, 1, 16, stanley45 8–9, stockcam cover (ball), 1, 3, 8, 12, 16